I0013046

La Technologie Blockchain

Introduction À Une Technologie Qui Pourrait Changer Le Monde

Sebastian Merz

Edition : BoD - Books on Demand

12/14 rond-point des Champs Elysées

75008 Paris

Imprimé par BoD – Books on Demand, Norderstedt

ISBN : 978-2-3220-8580-4

Dépôt légal : 11/2017

Introduction

En achetant ce livre, vous accepter entièrement cette clause de non-responsabilité.

Aucun conseil

Le livre contient des informations. Les informations ne sont pas des conseils et ne devraient pas être traités comme tels.

Si vous pensez que vous souffrez de n'importe quel problème médicaux vous devriez demander un avis médical. Vous ne devriez jamais tarder à demander un avis médical, ne pas tenir compte d'avis médicaux, ou arrêter un traitement médical à cause des informations de ce livre.

Pas de représentations ou de garanties

Dans la mesure maximale permise par la loi applicable et sous réserve de l'article ci-dessous, nous avons enlevé toutes représentations, entreprises et garanties en relation avec ce livre.

Sans préjudice de la généralité du paragraphe précédent, nous ne nous engageons pas et nous ne garantissons pas :

• Que l'information du livre est correcte, précise, complète ou non-trompeuse ;

• Que l'utilisation des conseils du livre mènera à un résultat quelconque.

Limitations et exclusions de responsabilité

Les limitations et exclusions de responsabilité exposés dans cette section et autre part dans cette clause de non-responsabilité : sont soumis à l'article 6 ci-dessous ; et de gouverner tous les passifs découlant de cette clause ou en relation avec le livre, notamment des responsabilités

5

découlant du contrat, en responsabilités civiles (y compris la négligence) et en cas de violation d'une obligation légale.

Nous ne serons pas responsables envers vous de toute perte découlant d'un événement ou d'événements hors de notre contrôle raisonnable.

Nous ne serons pas responsable envers vous de toutes pertes d'argent, y compris, sans limitation de perte ou de dommages de profits, de revenus, d'utilisation, de production, d'économies prévues, d'affaires, de contrats, d'opportunités commerciales ou de bonne volonté.

Nous ne serons responsables d'aucune perte ou de corruption de données, de base de données ou de logiciel.

 Nous ne serons responsables d'aucune perte spéciale, indirecte ou conséquente ou de dommages.

Exceptions

Rien dans cette clause de non-responsabilité doit : limiter ou exclure notre responsabilité pour la mort ou des blessures résultant de la négligence ; limiter ou exclure notre responsabilité pour fraude ou représentations frauduleuses ; limiter l'un de nos passifs d'une façon qui ne soit pas autorisée par la loi applicable ; ou d'exclure l'un de nos passifs, qui ne peuvent être exclus en vertu du droit applicable.

Dissociabilité

Si une section de cette cause de non-responsabilité est déclarée comme étant illégal ou inacceptable par un tribunal ou autre autorité compétente, les autres sections de cette clause demeureront en vigueur.

Si tout contenu illégal et / ou inapplicable serait licite ou exécutoire si une partie d'entre elles seraient supprimées, cette partie sera réputée à être supprimée et le reste de la section restera en vigueur.

LA BLOCKCHAIN

La Blockchain, surtout connue comme la technologie de base derrière Bitcoin est l'une des technologies la chaude et la plus intrigante actuellement sur le marché. Depuis 2013, les recherches sur Google pour « blockchain » ont augmenté de 1900 %. Similaire à l'accroissement de l'internet, la blockchain a le potentiel de vraiment perturber plusieurs industries et rendre les processus plus démocratiques, sûrs, transparents et efficaces. Les entreprises en démarrage, les entrepreneurs, les investisseurs, les organisations et les gouvernements globaux ont tous identifié la blockchain comme une technologie révolutionnaire. Quels sont les principaux avantages et défis associés à la mise en œuvre de la technologie de la blockchain ?

C'EST QUOI LA BLOCKCHAIN

La blockchain est un registre public décentralisé en ligne de toutes transactions numériques qui ont eu lieu. C'est l'équivalent de la monnaie numérique est d'un grand livre de banque qui enregistre les transactions entre deux parties.

Tout comme notre système bancaire moderne ne pourrait pas fonctionner sans les moyens d'enregistrer les échanges de monnaie fiat entre individus, il pourrait en être de même pour un réseau numérique de ne pas fonctionner sans la confiance qui vient de la capacité d'enregistrer avec exactitude l'échange de devise numérique entre les parties.

Il est décentralisé dans le sens que, contrairement à une banque traditionnelle qui est l'unique détentrice d'un grand livre électronique maître des épargnes de leur titulaire du compte la blockchain est partagée entre tous les membres du réseau et n'est pas sujet aux termes et conditions de toute institution financière ou d'un pays.

Si la frénésie du marché constitue une indication, la blockchain - la technologie sous-jacente des crypto-monnaies comme Bitcoin - est en passe de résoudre de nombreux défis que doit relever l'industrie bancaire en permettant des transactions plus rapides, plus sûres et plus transparentes. Pourtant, l'histoire de la blockchain est l'une des conséquences non-intentionnelles.

La technologie de la blockchain a été initialement créée comme une base de données de suivi pour les transactions de Bitcoin. Il a été développé en 2009 pour permettre aux individus et aux organisations de traiter les transactions sans avoir besoin d'une banque centrale ou d'un autre intermédiaire, en utilisant des algorithmes complexes et de consensus pour vérifier les transactions. Passons rapidement à sept ans, et une gamme d'entreprises et technologies établies, des acteurs bancaires et financiers aujourd'hui parient sur la blockchain à fournir une alternative fiable aux systèmes qui dépendent sur les intermédiaires et les tierce-parties pour la validation des transactions. Leur objectif est de s'appuyer sur l'approche du grand livre répandu de la blockchain pour créer un système qui décentralise la confiance - un changement radical par rapport à des méthodes de traitement de transactions existantes - pour réduire de façon significative tous les types de frais de transaction et réduire les délais de traitement.

Le potentiel perturbateur de la blockchain est largement réclamé d'être équivalent au début de l'internet commercial. Une différence cruciale, cependant, est que tandis que l'Internet permet l'échange de données, la blockchain pourrait permettre l'échange de valeur ; c'est-à-dire, il pourrait permettre aux utilisateurs d'effectuer l'échange et du commerce à travers le monde sans la nécessité de processeurs de paiement, des dépositaires et des entités de règlement et de réconciliation.

Bien que la blockchain soit présentée comme un système ouvert pour le traitement des transactions dans le système financier, les banques font un examen interne, expérimentant avec l'approche du grand livre distribué pour créer des efficacités et une version unique de la vérité numérique.

Leur but est d'automatiser les processus, réduire les coûts de stockage des données, minimiser la duplication de données et améliorer la sécurité des données.

Similaire à l'Internet et du commerce électronique, une blockchain ouvert à tout qui perturbe le marché financier traditionnel pourrait résulter qu' à des déploiements par essais et erreurs dans des paramètres limités, que ce soit par le biais d'essais internes ou de partenariats entre les opérateurs et des startups. Cependant, pour réaliser le plein potentiel de la blockchain dans tout le système financier, l'industrie bancaire devra se réunir et établir des normes qui permettent l'interopérabilité. Cela dit, les banques qui planifient le déploiement des blockchains ont besoin de répondre à une série de questions fondamentales. Par exemple, étant donné que les systèmes existants sont construits sur des solutions existantes fiables, comment vont-ils déterminer quel processus pour passer à une blockchain ? En plus, étant donné paysage de la blockchain en évolution rapide, il est essentiel d'élaborer un plan d'action bien réfléchi à long terme (p. ex., l'expérimentation, le déploiement stratégique et ensuite l'échelle dans une progression logique) pour assurer une transition réussie d'un système centralisé à un processus de transaction numérique entièrement distribué.

Les considérations clés pour les banques explorant la blockchain comprennent:

- L'identification des possibilités d'innovation.

- Déterminer la faisabilité et l'impact sur les systèmes existants.

- Preuves de concept à l'essai.

- Comprendre les implications de la réglementation et de la sécurité des données.

- Dissection de la mise en œuvre de la blockchain : ouverts contre autorisés.

- La planification de l'échelonnement de la transaction.

- Formation de partenariats et une collaboration interfonctionnelle et interprofessionnelle.

- Réduction des risques par l'intégrité des données assurées par le stockage à ordre chronologique des données appliquées avec la cryptographie. Ceci, à son tour, réduit le fardeau de l'observation et la réduction des coûts de réglementation dans des domaines tels que les initiatives Know Your Customer (KYC) (la connaissance du client).

POURQUOI EST-CECI PRÉFÉRABLE À NOTRE SYSTÈME BANCAIRE ACTUEL?

Un réseau monétaire décentralisé assure que, en étant à l'extérieur de l'infrastructure financière actuelle de plus en plus connectée, on peut atténuer les risques d'en faire partie quand les choses vont mal. Les 3 principaux risques d'un système monétaire centralisé qui ont été mis en évidence à la suite de la crise financière de 2008 sont le risque de crédit, de liquidité et d'une défaillance opérationnelle. Aux États-Unis, seulement, depuis 2008, il y a eu 504 faillites bancaires en raison d'une insolvabilité, et 157 en 2010 seulement. En général, un tel effondrement ne menace pas l'épargne du titulaire du compte en raison de l'appui fédéral/national et d'assurance pour les premières centaines de milliers de dollars/livres, les actifs des banques habituellement étant absorbés par une autre institution financière, mais l'impact de l'effondrement peut causer de l'incertitude et à des problèmes à court terme avec l'accès des fonds. Depuis qu'un système décentralisé comme le réseau de Bitcoin n'est pas dépendant d'une banque pour faciliter le transfert de fonds entre 2 parties, mais plutôt s'appuie sur ses dizaines de milliers d'utilisateurs pour autoriser des transactions il est plus résistant à ces défaillances, ayant autant de sauvegardes qu'il a de membres du réseau pour s'assurer que les transactions continuent d'être autorisées dans le cas de 'l'effondrement' d'un membre du réseau (voir ci-dessous).

Cependant, une banque n'a pas besoin de faire faillite pour avoir un impact sur les épargnants, les défaillances informatiques opérationnelles telles que celles qui ont récemment stoppé les clients de RBS et Lloyds' à avoir accès à leurs comptes pendant des semaines peut avoir des répercussions sur la capacité d'une personne à retirer de l'épargne, qui sont le résultat d'un héritage de 30 à 40 ans d'une infrastructure informatique qui croule sous la contrainte de suivre la croissance des dépenses des clients et un manque d'investissement en général. Un système décentralisé n'est pas tributaire de ce type d'infrastructure, il est plutôt fondé sur la puissance de traitement de ses dizaines de milliers d'utilisateurs qui garantissent la capacité d'évoluer en tant que nécessaire, un défaut dans le système ne cause pas le stoppage du réseau.

La liquidité est un dernier risque réel de systèmes centralisés, en 2001 des banques argentines ont gelé des comptes et ont introduit des contrôles de capitaux en raison de leur crise de la dette, les banques espagnoles en 2012 ont changé leurs petits caractères pour leur permettre de bloquer les retraits au-dessus d'un certain montant et les banques chypriotes ont gelé brièvement des comptes de clients et ont utilisé jusqu'à 10 % de l'épargne d'individu pour aider à rembourser la dette nationale.

Comme Jacob Kirkegaard, économiste au Peterson Institute for International Economics a dit au New York Times sur l'exemple Cypriote " Ce que l'accord reflète, c'est qu'être un déposant garanti ou même non-garanti dans les banques de la zone euro n'est pas aussi sûr qu'il était." Dans un système décentralisé, le paiement s'effectue sans la facilitation d'une banque et en autorisant la transaction, le paiement est seulement validé par le réseau où il y a suffisamment de fonds, depuis qu'il n'y a pas de partie tierce pour arrêter une transaction, détourner ou dévaluer le montant l'on détient.

BITCOIN

Bitcoin est en expansion comme une monnaie numérique utilisée dans le monde entier. C'est un type d'argent contrôlé et enregistré entièrement par des ordinateurs répartis à travers l'Internet. Plus de personnes et plus d'entreprises commencent à l'utiliser.

Contrairement à un dollar américain ou l'Euro, bitcoin est aussi une forme de système de paiement comme Paypal ou un réseau de cartes de crédit.

Vous pouvez les conserver, dépenser ou l'échanger. Il peut être déplacé à bon marché, facilement et à peu près comme l'envoi d'un émail.

Bitcoin permet de créer des transactions sans révéler votre identité. Pourtant, le système fonctionne à la vue de tous.

N'importe qui peut voir ces transactions qui sont enregistrées en ligne. Cette transparence peut conduire à une nouvelle confiance dans l'économie. Elle a même entraîné la chute d'un réseau de drogue illicite, découvert en train de déplacer des fonds en utilisant bitcoin et fermé par le gouvernement américain.

À bien des égards, bitcoin est plus qu'une devise. C'est une réingénierie de la finance internationale. Il peut dissoudre les barrières entre pays et libère la devise du contrôle des gouvernements fédéraux. Cependant, il repose toujours sur le dollar américain pour sa valeur.

La technologie derrière ceci est intéressante, c'est-à-dire le moins. Bitcoin est contrôlé par les logiciels open source. Il fonctionne selon les lois de la mathématique, et par les personnes qui supervisent l'ensemble de ce logiciel. Le logiciel fonctionne sur des milliers de machines dans le monde, mais il peut être modifié. Les changements peuvent se produire que lorsque la majorité des personnes supervisant le logiciel sont d'accord.

Le système du logiciel de bitcoin a été construit par les programmeurs informatiques il y a cinq ans et lancé sur l'Internet. Il a été conçu pour fonctionner au sein d'un grand réseau de machines appelées mineurs de bitcoin. N'importe qui sur terre pourrait exploiter une de ces machines.

Ce logiciel distribué a généré la nouvelle monnaie, créant un petit montant de bitcoins. En gros, les bitcoins sont justes de longues adresses et soldes numériques, stockées dans un grand livre en ligne appelé la "blockchain ». Mais la conception du système a permis à la devise de se développer lentement, et d'encourager les mineurs de bitcoin à garder le système lui-même en pleine croissance.

Lorsque le système crée de nouveaux bitcoins il les donne aux mineurs. Les mineurs gardent trace de toutes les transactions de bitcoin et les ajoutent au grand livre de la blockchain. En échange, ils obtiennent le privilège de s'accorder eux-mêmes un peu plus des bitcoins. Actuellement, 25 bitcoins sont versés aux mineurs du monde environ six fois par heure. Ces taux peuvent changer au fil du temps.

Les mineurs observent les échanges de bitcoin à travers des clés électroniques. Les clés fonctionnent en conjonction avec une adresse émail compliquée. S'ils ne correspondent pas, un mineur peut refuser la transaction.

Auparavant, vous pourriez faire l'exploitation minière de bitcoin sur votre ordinateur à la maison. Mais depuis que le prix des bitcoins a augmenté, l'exploitation minière est devenue un peu comme une course spatiale. Les acteurs professionnels, du hardware conçu sur mesure, et l'expansion rapide de puissance de traitement ont tous sauté à bord.

Aujourd'hui, tous les ordinateurs qui rivalisent pour ces 25 bitcoins effectuent 5 quintillions calculs mathématiques par seconde. Pour mettre les choses en perspective, c'est environ 150 fois plus d'opérations mathématiques que le plus puissant supercalculateur du monde.

Et l'exploitation minière peut être assez risquée. Les entreprises qui construisent ces machines spéciales demandent généralement que vous payiez pour le matériel à l'avance, et chaque jour que vous attendez la livraison est un jour où il devient plus difficile d'extraire des bitcoins. Cela réduit la quantité d'argent que vous pouvez gagner.

Pourquoi ces bitcoins ont de la valeur ? C'est assez simple. Ils ont évolué en quelque chose que beaucoup de gens veulent et ils sont en quantité limitée. Bien que le système continue à produire des bitcoins, il s'arrêtera lorsqu'il atteint 21 millions de dollars, qui a été conçu pour en arriver dans l'année 2140.

Bitcoin a fasciné beaucoup dans la communauté technologique. Cependant, si vous suivez le marché boursier, vous reconnaîtrez que la valeur d'un bitcoin peut fluctuer considérablement. Il était vendu pour $13 autour de la première partie de 2013. Depuis, il a atteint 900 dollars et continue de monter et descendre sauvagement sur une base quotidienne.

Le véritable avenir de bitcoin dépend beaucoup plus sur les vues d'un petit nombre d'investisseurs. Dans une récente interview sur reddit, Cameron Winklevoss l'un des jumeaux impliqués dans la poursuite de Facebook avec Mark Zuckerberg et un investisseur avide de bitcoin, prédit qu'un bitcoin pourrait atteindre une valeur de 40 000 $. C'est dix fois ce qu'il est aujourd'hui.

Une vue plus réaliste suggère que les spéculateurs vont éventuellement causer le bitcoin à faire faillite. Il n'intègre pas la capacité d'utiliser son service dans le milieu de la vente au détail, apparemment un must pour un succès à long terme. Ses fluctuations permettent aussi un énorme risque à des fins d'investissement.

Bitcoin repousse encore les frontières de l'innovation technologique. Un peu comme Paypal à ses débuts, le marché aura à décider si le risque associé à ce type de système de paiement et de devises numériques fait le bon sens des affaires à long terme.

Caractéristiques de Bitcoin

Bitcoin a les caractéristiques de monnaies traditionnelles telles que le pouvoir d'achat, d'investissement et d'applications à l'aide d'instruments de trading en ligne. Il fonctionne comme l'argent conventionnel, seulement dans le sens qu'il ne peut exister que dans le monde numérique.

L'une de ses caractéristiques uniques qui ne peut être égalée par la monnaie fiat est qu'il est décentralisé. La monnaie n'est pas exécutée dans le cadre d'un conseil d'administration ou d'une institution, ce qui signifie qu'il ne peut pas être contrôlé par ces entités, donnant aux utilisateurs la pleine propriété de leurs bitcoins.

De plus, les transactions se produisent avec l'utilisation d'adresses Bitcoin, qui ne sont pas reliées à des noms, adresses, ni aucune information personnelle demandée par les systèmes de paiement traditionnels.

Chaque transaction de Bitcoin est stockée dans un grand livre n'importe qui peut accéder, c'est ce qu'on appelle la blockchain. Si un utilisateur a une adresse utilisée publiquement, ses informations sont partagées pour tout le monde à voir, sans les informations de l'utilisateur bien sûr.

Les comptes sont faciles à créer, contrairement aux banques classiques qui font des demandes d'innombrables informations, qui peuvent mettre en danger ses utilisateurs en raison des fraudes et des magouilles autour du système.

En outre, les frais de transactions en Bitcoin seront toujours en petit nombre. En dehors de l'achèvement de quasi-instantanée de traitement, aucuns frais de traitement n'est connu d'être assez significatif pour avoir un impact sur le compte de quelqu'un.

Le chemin à parcourir pour Bitcoin

Dans un monde de l'accélération des changements technologiques, il serait imprudent de prédire ce que demain peut apporter. Il y a beaucoup de facteurs qui peuvent entrer en jeu dans l'évolution de Bitcoin. S'il aura de graves obstacles, il va rapidement être déplacé par une autre crypto-monnaie qui arrivera à surmonter les obstacles. Dans le cas contraire, l'effet réseau mènera à la dominance de Bitcoin. Si c'est Bitcoin ou pas, les crypto-monnaies sont là pour y rester, comme un concept fascinant et une technologie révolutionnaire.

Les cadres législatifs et réglementaires dans certains pays sont contre le Bitcoin, mais il n'y a aucune preuve jusqu'à présent de penser que le Bitcoin ne pouvait pas coexister aux côtés d'autres systèmes monétaires fiat. En fait, ils peuvent répondre aux différents besoins du marché, et même se compléter de façon synergique, comme la coexistence de la monnaie marchandise et la monnaie fiduciaire.

Un autre facteur qui ne doit pas être négligé, c'est que Bitcoin est une technologie naissante, où des millions de dollars changent constamment de main, ce qui en fait une cible de rêve pour les pirates internationaux anonymes, des services de renseignement hostiles, ou juste n'importe quel groupe de codeurs hippie.

AVANTAGES DE LA TECHNOLOGIE DE BLOCKCHAIN

1. Désintermédiation & échange sans confiance

Deux parties sont en mesure de réaliser un échange sans la surveillance ou l'intermédiation d'un tiers, réduisant fortement ou même éliminant le risque de contrepartie.

2. Les utilisateurs habilités

Les utilisateurs sont au contrôle de toutes leurs informations et transactions.

3. Des données de haute qualité

Les données de la Blockchain sont complètes, cohérentes, rapides, précises et largement disponibles.

4. La durabilité, la fiabilité, et la longévité

En raison des réseaux décentralisés, la blockchain n'a pas de point central d'échec et est mieux en mesure de résister aux attaques malveillantes.

5. L'intégrité des processus

Les utilisateurs peuvent avoir confiance que les transactions seront exécutées exactement comme le protocole le commande supprimant la nécessité d'un tiers de confiance.

6. La transparence et l'immutabilité

Des changements aux blockchains sont publiquement visibles par toutes les parties, créant de la transparence, et toutes les transactions sont immuables, ce qui signifie qu'ils ne peuvent pas être modifiées ou supprimées.

7. Simplification de l'écosystème

Avec toutes les transactions ajoutées à un seul grand livre public, cela réduit l'encombrement et les complications de plusieurs grands livres.

8. Les transactions plus rapides

Les transactions interbancaires peuvent potentiellement prendre des jours pour la compensation et le règlement final, en particulier en dehors des heures de travail. Les transactions Blockchain peuvent réduire les temps de transaction en quelques minutes et sont traitées 24 heures sur 24.

9. Les coûts de transaction réduits

En éliminant les tierces parties et les frais généraux pour l'échange d'actifs, les blockchains ont le potentiel de réduire considérablement les frais de transaction.

DÉFIS DE LA TECHNOLOGIE DE BLOCKCHAIN

1. Technologie naissante

La résolution des problèmes tels que la vitesse de transaction, le processus de vérification, et les limites des données seront cruciales pour rendre la blockchain largement applicable.

2. Statut réglementaire incertain

Parce que les monnaies modernes ont toujours été créées et réglementées par les gouvernements nationaux, la blockchain et Bitcoin font face à un obstacle de l'adoption généralisée par les institutions financières si l'état de régulation de son gouvernement reste en suspens.

3. Grande consommation d'énergie

Les mineurs du réseau de la blockchain de Bitcoin tentent 450 mille trillions de solutions par seconde dans les efforts déployés pour valider les transactions, en utilisant des quantités importantes de l'alimentation de l'ordinateur.

4. Contrôle, sécurité, et de la vie privée

Bien que des solutions existent, y compris une les blockchain autorisée et privée et cryptage fort, il y a encore des problèmes de sécurité informatique qui ont besoin d'être adressé avant que le grand public ne confie leurs données personnelles sur une solution blockchain.

5. Les préoccupations d'intégration

Les applications de la Blockchain offrent des solutions qui exigent des changements importants pour, ou le remplacement complet du, des systèmes existants. Afin d'effectuer le changement, les entreprises doivent établir une stratégie de transition.

6. L'adoption de la culture

La Blockchain représente un changement complet d'un réseau décentralisé qui exige l'adhésion de ses utilisateurs et opérateurs.

7. Coût

La Blockchain offre d'énormes économies dans les coûts de transaction et le temps, mais l'investissement initial élevé pourrait avoir un effet dissuasif.

Le récent rapport de la Banque d'Angleterre sur les technologies de paiement et devises numériques considérait la technologie de la blockchain qui rend possibles les devises numériques une "véritable innovation technologique" qui pourrait avoir de profondes implications pour l'industrie financière.

Comment fonctionne la blockchain?

Lorsqu'une personne fait une transaction numérique, payer un autre utilisateur, 1 Bitcoin par exemple, un message composé de 3 composants est créé ; une référence à un dossier antérieur de l'information prouvant l'acheteur dispose des fonds nécessaires pour effectuer le paiement, l'adresse du portefeuille numérique du destinataire à qui le paiement doit être effectué et le montant à payer. Les conditions que l'acheteur peut fixer sur la transaction sont finalement ajoutées et le message est "tassé" avec l'aide de la signature numérique de l'acheteur. La signature numérique est composée d'une 'clé' publique et privé, ou un code, le message est crypté automatiquement avec la 'clé' privé puis envoyé au réseau pour la vérification, avec seule la clé publique de l'acheteur capable de décrypter le message.

Ce processus de vérification est conçu pour s'assurer que l'effet déstabilisateur de la « double spend » qui est un risque dans les réseaux de devises numériques n'a pas lieu. Double spend c'est quand John donne 1 £ à George et ensuite donne le même 1 £ a Ringo (Paul n'a pas eu besoin d'emprunter 1£ pendant quelques années.) Cela pourrait paraître incongru dans notre système bancaire actuel et en effet, l'acte physique de l'échange d'une monnaie fiat, empêche a John de donner le même 1 £ deux fois, mais quand il s'agit de devises numériques qui sont juste des données et où il existe la possibilité de copier ou modifier des informations facilement, le risque d'une unité de monnaie numérique clonée et utilisée pour faire plusieurs paiements de 1 Bitcoin est une réalité. La capacité de faire ceci détruirait toute confiance dans le réseau et le rendra sans valeur.

"Ce que l'accord reflète, est qu'être un déposant non-garanti ou même garanti dans les banques de la zone euro n'est pas aussi sûr qu'il était."

Afin de s'assurer que le système n'est pas abusé le réseau prend chaque message créé automatiquement par un acheteur et regroupe plusieurs de ces derniers dans un "bloc" et les présente à des volontaires du réseau ou 'mineurs' pour vérifier. Les mineurs sont en concurrence les uns avec les autres pour être les premiers à valider l'authenticité d'un bloc, des logiciels spécialisés sur les ordinateurs à domicile recherchent automatiquement pour vérifier les signatures numériques et assurent que les composants d'un message de confirmation de la transaction proviennent logiquement du précédent qui a été utilisé dans sa création et qu'il reflète à son tour le bloc précédent qui a été utilisé dans sa création et ainsi de suite. Si la somme des éléments qui précèdent un bloc n'est pas égale à l'ensemble puis il est probable qu'une modification involontaire a été apportée à un bloc et elle peut être arrêtée d'être autorisée. Un bloc typique prend 10 minutes pour valider et donc pour une transaction de passer, bien que ceci peut être accéléré par l'acheteur en ajoutant un petit 'pourboire' pour encourager des mineurs à valider leur demande plus rapidement, les mineurs qui résolvent le bloc 'puzzle' sont récompensés avec 25 Bitcoins en plus des 'pourboires', et ainsi une nouvelle monnaie est lancée en circulation, cette rémunération assure que les volontaires continuent de maintenir l'intégrité du réseau.

En permettant à quiconque de vérifier un changement proposé contre le grand livre et la valider, la blockchain élimine le besoin d'une autorité centrale comme une banque pour gérer cela. En supprimant cet intermédiaire à partir de l'équation, un nombre d'épargnes en termes de frais de transactions, les délais de traitement et des limites sur combien et à qui une transaction peut être fait peut-être annulé.

Cela semble trop beau pour être vrai.

Chaque type de système a ses propres risques, alors un système décentralisé n'est pas une exception. La principale menace pour le réseau de Bitcoin décentralisé est "l'attaque de 51 %" 51 % se référant à la quantité de l'ensemble des mineurs du réseau travaillant en collaboration dans un 'pool' de minage pour valider les transactions. En raison de l'augmentation des coûts en termes de temps et de puissance de traitement pour un individu de valider avec succès une transaction qui fait le réseau devenir plus grand et des mineurs individuels plus matures rejoignent maintenant des 'pools' où ils combinent leur puissance de traitement pour assurer des plus petits rendements, mais plus réguliers et constants. En théorie, si un pool devient suffisamment grand pour comporter de 51 % ou plus du total des utilisateurs du réseau, il aurait la possibilité de valider d'énormes transactions double spend et de refuser de valider des transactions authentiques en masse, détruisant la confiance dans le réseau. Bien qu'il y a plus d'incitation intégrée dans le système pour miner légalement le Bitcoin au lieu de le détruire par la fraude, la menace de 51 % représente un risque pour un tel système décentralisé. À ce jour, les pools de minage prennent une approche responsable envers ce problème et des mesures volontaires sont prises pour limiter la formation de monopoles, comme il est dans l'intérêt de tous de maintenir un système stable qui peut faire confiance.

Donc... Malgré ce risque, la Banque d'Angleterre aime la chose qui pourrait les pousser à la faillite ?

La Banque d'Angleterre a une vision au-delà des paiements Bitcoin et monnaie numérique plus précisément et envisage des moyens dans lesquels la blockchain peut rendre les produits financiers et des plates-formes existants plus efficaces et y ajouter de la valeur. Il suffit de regarder les actifs financiers tels que des actions, des prêts ou des produits dérivés qui sont déjà numérisés, mais qui sont toujours des réseaux centralisés pour évaluer les possibilités qui existent pour l'individu en éliminant l'intermédiaire...

... Et de devenir votre propre courtier. Coloured Coins est un projet qui vise à permettre à quiconque de transformer n'importe quel de leurs actifs ou propriété en quelque chose qu'ils peuvent échanger. Pensez à "The Antiques Roadshow'. J'adore ce show, surtout quand quelqu'un découvre qu'il utilisait un plat Ming du 14e siècle avec une valeur de 200 000 £ pour garder les fruits sur son bahut. Coloured Coins permettrait au propriétaire du plat (ou leur voiture ou maison) d'avoir un ou plusieurs de leurs Bitcoins représentés une partie ou l'ensemble de la valeur de l'actif afin qu'ils puissent être échangés contre d'autres biens et services, un seul Bitcoin tenant la valeur de l'ensemble de 200 000 £ ou ils fournissent 200 pièces chacun avec une valeur de 1000£.

De même, une entreprise peut émettre des actions représentées par la monnaie numérique directement au public qui pourrait à son tour être échangés sans avoir besoin d'un IPO coûteux ou bourses traditionnelles et les actionnaires peuvent voter en utilisant un système sécurisé, semblable à la façon dont les messages de transaction sont actuellement créés. Patrick Byrne, PDG de l'un des plus grands détaillants américains qui a été le 1er grand détaillant en ligne d'accepter des paiements internationaux de Bitcoin étudie actuellement des plans pour créer une telle bourse alimentée par la blockchain qu'il espère éliminera les problèmes intrinsèques tels que "la vente à découvert à nu abusive" où les commerçants peuvent vendre des actions qu'ils ne possèdent pas qui diminue les prix des actions et qui a été estimé a contribué à la chute des Lehman Brothers.

La numérisation des actifs pourrait également révolutionner l'industrie de crowdfunding. Kickstarter est un exemple d'une plate-forme qui facilite le financement de produits par les micro-paiements des membres intéressés, souvent en échange de petits souvenirs à la fin du projet, comme la signature de marchandises ou une copie d'un des premiers produits à être produit. Avec la possibilité de numériser facilement un atout et émettre des actions en elle et tous les profits à venir, par exemple les investisseurs peuvent être plus enclins à investir davantage.

Parlant de crowdfunding... Vitalik Buterin a récemment levé £15m via le financement public pour son Projet Ethereum dont il croit représentera l'avenir de la blockchain. Le projet prend en charge plusieurs langages de programmation afin de permettre aux développeurs de créer des produits et services en ligne comme les médias sociaux, recherche ou les forums de discussion comme des alternatives à celles qui sont dirigées par des sociétés comme Google, Facebook et Twitter. "On peut écrire ce qu'on serait capable d'écrire sur un serveur et de le mettre sur la blockchain," dit Buterin à Wired. "Au lieu de Javascript de faire des appels au serveur, vous ferez des appels à la blockchain ". En ce moment une communauté de 200 utilisateurs construit des applications de vote, des registrars, des plate-formes de crowd-sourcing (approvisionnement par la foule) et des jeux informatiques pour fonctionner sur Ethereum, 'ethers' extrait par le maintien de la plate-forme par des volontaires étant nécessaire pour cela.

L'AVENIR DE LA BLOCKCHAIN

Le potentiel de la blockchain d'améliorer la façon dont nous communiquons, épargnons, gérons nos actifs, etc. est énorme et seulement limitée par l'imagination des gens comme Vitalik Buterin et la communauté de l'Ethereum et la volonté des institutions actuelles d'adopter le changement.

L'avenir des finances pourrait être dominé par les technologies de la blockchain. Une monnaie mondiale traçable avec une infrastructure efficace permettra non seulement à une énorme réduction des coûts pour l'ensemble des acteurs du marché, cela va changer le système bancaire au niveau mondial. Le Bitcoin fera pour le paiement ce que l'e-mail a fait pour la communication.

Qu'est-ce qui change?

- La blockchain sera adoptée par les banques centrales et des devises sécurisées par cryptographie seront largement utilisées.

- Nasdaq lancera une technologie de grand livre numérique habilitée avec la blockchain qui sera utilisée pour développer et améliorer les capacités de gestion des actions offertes par sa plate-forme de Marché privé de Nasdaq.

- Le règlement de devises, fonds propres et titre à revenu fixe presque instantanément grâce à des registres de distribution autorisés crée une opportunité importante pour les banques d'accroître l'efficacité et le potentiel de créer de nouvelles catégories d'actifs.

Contrôle

- Les nouvelles technologies comme la blockchain ont le potentiel de réduire les risques cybernétiques en offrant l'authentification d'identité par le biais d'un grand livre visible.

- Il n'y a pas de raison pour laquelle les exigences de la numérotation, le maintien et l'indexation des dossiers et la communication de l'information fournie dans les documents ne pourraient être satisfaits par un système de grand livre électronique.

- Les agences de location de voitures pourraient utiliser des contrats qui autorisent automatiquement les locations lorsque le paiement est reçu et l'information de l'assurance est confirmée par un registre de blockchain.

- Un réfrigérateur équipé de capteurs et connecté à l'Internet peut utiliser la blockchain pour gérer les interactions automatisées avec le monde externe-quoi que ce soit de la commande et payer pour la nourriture à l'organisation de ses propres mises à jour de logiciels et le suivi de sa garantie.

- Les petites entreprises pourraient utiliser la blockchain pour créer des plates-formes commerciales de confiance entre eux.

- La Blockchain pourrait potentiellement aider à apporter la robustesse et la transparence à l'environnement post-négociation.

- Les nouvelles technologies comme la blockchain ont le potentiel de réduire les risques cybernétiques en offrant l'authentification d'identité par le biais d'un grand livre visibles.

- Une banque pourrait payer le fournisseur immédiatement sur l'internet.

- La technologie de la Blockchain va modifier le timing sur le risque.

Crime

- Une startup de blockchain a réclamé que son logiciel pourrait aider à dépister les criminels plus rapidement et moins cher que jamais.

- Connecticut avise les parents qu'une nouvelle crypto-monnaie de Darknet appelée Bitcoin pourrait être à blâmer pour aider les buveurs mineurs à s'éclater.

Conséquences

Les banques.

- La blockchain sera adoptée par les banques centrales et des devises sécurisées par cryptographie seront largement utilisées.

- La Blockchain pourrait remplacer les banques centrales.

- Des risques réels demeurent pour les banques qui choisissent de s'impliquer avec les entreprises de crypto-monnaies.

- La technologie de la Blockchain pourrait réduire les coûts d'infrastructure d'UBS dans les paiements transfrontaliers, l'échange de titres et de la conformité réglementaire de l'ordre de 20 milliards de dollars par an d'ici 2022.

- Le nombre de demandes à l'intérieur et l'extérieur des banques pourrait être réduit lorsque la transaction de

Blockchain contient toutes les informations pertinentes pour la réussite du transfert d'actifs et/ou des contrats connexes.

- Économiste de la Deutsche Bank voit la blockchain comme une menace en raison de l'absence de l'infrastructure informatique pour soutenir la technologie impliquée.

- Ethereum est beaucoup plus d'usage général que le bitcoin et pourrait être utile pour les banques.

- L'avenir des finances dans de nombreuses nations pourrait être dominé par le Bitcoin et les crypto-monnaies.

- Une blockchain privée gérée par les banques pourraient se retrouver comme juste un " autre cartel" et fonctionner aussi mal que les consortiums de paiements.

- Les banques pourraient devenir les "gardiens de clés cryptographiques ".

- La blockchain pourrait économiser aux prêteurs jusqu'à 20 milliards de dollars par année en règlement.

- La technologie de la Blockchain pourrait être utilisée pour contourner l'infrastructure financière centralisée d'aujourd'hui entièrement.

Industries

- Le temps et l'éducation devraient jouer un rôle comme d'autres industries viennent juste de réaliser que l'une des principales innovations de la blockchain est sa capacité à réduire ou éliminer les contreparties fiables dans le processus de transaction.

- La blockchain a le potentiel de créer de nouvelles possibilités de l'industrie et déranger les technologies et processus existants.

- La technologie de la Blockchain rendra le monde encore plus petit, car elle augmente la vitesse et l'efficacité de l'activité transactionnelle.

Les gouvernements

- L'avenir des finances dans de nombreuses nations pourrait être dominé par le Bitcoin et les crypto-monnaies.

- La technologie de la Blockchain pourrait être utilisée pour distribuer l'aide sociale dans les pays en développement.

- Les élections sont en ce moment coûteuses et difficiles. Grâce à la technologie de la blockchain elles seront bientôt instantanées.

La blockchain pourrait vraiment changer le monde, rendant les crises financières sont beaucoup moins dommageable et réduisent les frictions dans le commerce mondial. Il pourrait également se fondre dans l'obscurité relative de l'innovation technique conçue de manière restrictive. La technologie mérite d'être bien étudiée. Les régulateurs peuvent faire la différence en lui donnant de l'espace.